Markus Dworaczyk · Erle Bach

NIEDERSCHLESIEN

FLECHSIG

Umschlag vorne:
Kloster Wahlstatt bei Liegnitz.

Seite 1: Portal des Schlosses Brieg (Brzeg)
Seite 2/3: Kaiserbrücke in Breslau (Wrocław)
Seite 5: Teichlandschaft bei Militsch (Milicz)
Seite 6/7: Trachenberg (Zmigród)
Seite 8: Elisabethkapelle im Breslauer Dom

Ich danke allen, die meine Arbeit unterstützt haben: Den Bistümern Breslau und
Liegnitz für die freundliche Genehmigung, Innenaufnahmen der nieder-
schlesischen Kirchen machen zu können. Für's gleiche den einzelnen Pfarrern der
Evangelisch-Augsburgischen Kirche vor Ort.
Der Leitung des National-Museums in Breslau ebenfalls für freundliche Fotoerlaubnis.
M. Dworaczyk

Die beigefügte Karte zeichnete Franz Toenniges.

Bildnachweis:
Die historischen Abbildungen entstammen Erle Bachs Bänden
»Niederschlesien in Farbe« und »Das ganze Riesengebirge in Farbe« (Kraft Verlag).
Als Bildquelle dienten außerdem: H. Bartsch, »Die Städte Schlesiens« und
»Bunte Bilder aus dem Schlesierlande« (Weidlich Verlag) sowie
»Niederschlesien in alten Ansichtskarten« (Flechsig Verlag).

Sonderausgabe für Flechsig-Buchvertrieb
Genehmigte Lizenzausgabe für Verlagshaus Würzburg GmbH & Co. KG, Würzburg
© Stürtz Verlag GmbH Würzburg
Originalausgabe: Kraft Verlag, Würzburg
Gesamtherstellung: Egedsa, Sabadell
Printed in Spain 2000
ISBN 3-88189-347-4

Inhalt

EICHENBLATT UND GÖTTERBERG

Als der Herr sein Schöpfungswerk fast beendet hatte, wandte er sich einem Fleckchen Erde zu, das noch der endgültigen Gestaltung harrte. Doch hatte er vorher sein Material so großzügig verteilt, daß von allem nicht mehr viel übriggeblieben war.

Erst machte er ein ernstes Gesicht, dann lächelte er und beschloß, aus diesen verschiedenen und höchst gegensätzlichen Zutaten etwas Besonderes entstehen zu lassen, daran erkennbar, daß diesem Land die Form eines Eichenblattes gegeben wurde. Das war einfach, denn die starke Mittelrippe des Blattes und auch die feineren Nebenrippen waren schon vorhanden – mit der Oder und allen ihren linken und rechten Nebenflüssen. Und noch etwas: Ernst und heiter wurden Landschaft und Menschen geprägt, das Weinen und das Lachen waren dort seitdem immer nahe beieinander. Später wird man von den schlesischen Menschen sagen, sie seien »getuppelt« – also doppelt, was da heißt, grübelnd und fröhlich zugleich.

Die schwungvolle Eichenblattform indes sollte für ewige Zeiten auf die feste Verzahnung mit den Nachbarn hinweisen, auf den gegenseitigen Austausch von Kultur und Lebensart der Menschen, den das spätere Schlesien (gleich einer Brücke von West nach Ost und umgekehrt, aber auch von Nord nach Süd) als Auftrag bekommt. Dieser war das geschichtlich zugedachte Schicksal des Landes.

Mit den restlichen Zutaten entstanden liebliche Landschaften und fruchtbares Akkerland, hohe Berge mit Felsgestein, stillen Mooren und tiefen Wäldern. Unverwechselbare Düfte schwangen über allem, Farben spiegelten sich in diesem heiteren schlesischen Guckkasten. Gewissermaßen als Ausgleich für die Kargheit des mageren Heidesandbodens rechts der Oder, hütete das schwer zugängliche Felsgestein der Gebirge eine Fülle von Schätzen, zu denen Eisen, Kohle und heiße Quellen gehörten. Quarzgestein war reichlich vorhanden für die Glasherstellung, Tonerde in einer solchen Qualität (bei Bunzlau), daß sie nur einmal gebrannt werden mußte, um in dem daraus gefertigten Topf kochen zu können. Neben golden wogendem Korn wuchs blaublühend der Flachs, aus dem die Weber ihr Leinen webten, nachdem ihnen die Spinner den Flachs gesponnen hatten. Das war eine ganz alte Fertigkeit, auf die sich schon in der Frühzeit nicht nur die Völker des Mittelmeerraumes verstanden hatten, sondern auch die Frauen der Wandalen in Schlesien (genau so wie auf die Herstellung von Tongefäßen).

Wie auf einer Drehbühne, die zwischen Schweden und Ungarn oder Polen und Böhmen hin- und herschwang, hatte in diesem Land alles Platz: Die heilige Hedwig und die Mongolen, Herzöge und Fürstentöchter, Bauern und Feldherren, Klöster und Dome, Friedenskirchen und Bethäuser, Spinner, Gottsucher, religiöse Fanatiker, Glaubensflüchtlinge und Lutheraner, Barockdichter und Kirchenmusiker, Laboranten und Vagabunden, Schleierherren und verhungernde Weber, Gutsbesitzer und Raubritter, Heiden und Christen, Kelten, Germanen, Slawen, Deutsche und Böhmen, Schlachtfelder und Siegesdenkmäler, die verschiedensten Mundarten und Trachten, das Brauchtum des kirchlichen Jahres und der tiefsitzende Aberglaube an den Wassermann und den wilden Jäger. Der Berggeist Rübezahl und der Breslauer Bischof, Peter Wlast und Anton Wale, die Schwenkfelder und die Herrnhuter, der Streuselkuchen und die Liegnitzer Gurken, Laubaner Taschentüchel und jadegrüner Chrysopras. Jakob Böhme aus Görlitz und Fürst Pückler aus Muskau, Grünberger Wein und Liegnitzer Bomben, Gnadenfreier Pfefferminzel und Militscher Karpfen, Andreas Gryphius und Benjamin Schmolck, Heinrich Laube und Ferdinand Lasalle, Klabund und Werner Fink, Jochen Klepper und Paul Mühsam, Meistersinger Adam Zacharias Puschmann und Minnesänger Heinrich von Pressela. Der ernste Angelus Silesius und der so liebenswerte, nirgendwo einzuordnende literarische Breslauische Vagabund ›richard schiedel‹

mit seinen 1949 erschienenen Gedichten »ein mund bläst auf der weltschalmei«. Sie, die beiden so verschiedenen, passen wie alle und alles in dieser Aufzählung auf eine nicht erklärbare, eben schlesische Weise zusammen. Johann Scheffler (1624–1677) hieß der »Cherubinische Wandersmann«, bevor er sich Angelus Silesius nannte und der aus Mähren stammende Daniel Czepko von Reigersfeld ihn, auf Grund seiner trefflichen Sinnsprüche, als den »Dolmetscher Jakob Böhmes« bezeichnete. Als Anhänger der schlesischen Mystik trat er 1653 nach einem Konflikt mit einem verknöcherten lutheranischen Hofprediger zur katholischen Kirche über und verzichtete auf den Titel »K. K. Hofmedicus« (bei Herzog Sylvius Nimrod von Württemberg-Oels). Er gab sogar den Arztberuf gänzlich auf, um Zeit zu gewinnen, sich schreibend mit seinen lebenslangen inneren Kämpfen auseinanderzusetzen:

Schrift ohne Geist ist nichts
Die Schrift ist Schrift, sonst nichts. Mein Trost ist Wesenheit, und daß Gott in mir spricht das Wort der Ewigkeit.

Habe nichts Eigenes
Nichts eignes nimm mit dir, willst du in den Himmel kommen, Nichts, was allgemein, wird oben angenommen.

Sei mehr als ein Mensch
Erkenne selber dich. Wer sich erkennen kann, trifft inner sich oft mehr als einen Menschen an.

Jedes durchs andere
Die Ewigkeit durch Zeit: Das Leben durch den Tod. Durch Nacht das Licht, und durch den Menschen seh ich Gott.

Jakob Böhme (1575–1624)

Die Kirche Wang in Brückenberg

Eines so alt als das andere
Nichts wird, nichts ist, nichts bleibt im
Himmel und auf Erden, als diese
Zwei: das ein ist Tun, das andre
Werden.

Gehe vorbei
Was uns erhebt und stürzt, ist Willen
und Verstand, Wer über beide steigt,
der wird mit Gott bekannt

Aus dem »... Wandersmann«

Wer aber war Richard Schiedel, am
16. März 1890 in Breslau geboren, von dessen Lyrik und Denken sich eine Linie weit
über 200 Jahre zurück zu Angelus Silesius
führen läßt? Seine Breslauer Kinderjahre
sind ohne Belang, jedenfalls berichtet
Schiedel wenig darüber. 1914 geht er mit

24 Jahren als Freiwilliger in den Krieg, der
rechte Arm wird ihm zerschossen. Nach
Kriegsende wird er Opfer eines Bahnüber-
falls durch die »Bujowka polska«, die drei
polnischen Aufstände werfen ihre verhäng-
nisvollen Schatten, wobei der blutgetränkte
Annaberg vor der Abstimmung 1921 in
Oberschlesien von deutschen Verteidigern
und einfallenden polnischen Aufständi-
schen gleichermaßen als Heiligtum für die
eigenen Helden beansprucht wird, eine
späte Folge des Versailler Vertrages. Die
Menschen spielten dabei - wie anderswo
heute - keine Rolle, und wer Menschliches
einbringen wollte, wie damals der Präsi-
dent der Besatzungsmächte, der Schweizer
von Collani, mußte scheitern (auch wenn
ihn der Vertreter Englands unterstützte).

Schiedel bekennt, daß er ab da »für
Hitler« war, um dann ab 1938 gegen ihn zu
sein.

Aus eigenen bitteren Erfahrungen wird er ein überzeugter Pazifist, Real-Demokrat und Individual-Sozialist, Protestant seit 1928. Aber auch er wechselt wie Angelus Silesius noch einmal die Konfession und gehört ab 1938 wieder der katholischen Kirche an.

Alter und Verwundung mögen ihn daran gehindert haben, im letzten großen Krieg ein solcher »Held« zu werden, wie er ihn in seinen lyrischen »gedichte(n) heldentümlicher Art« beschrieben hat:

wir waren nicht wie trunken eines
sieges,
wir wußten um das grauen jeden
krieges
und schlossen dennoch unsere augen
zu,
geboten unserem besseren herzen
schweigen
und gaben falschen kündern uns zu
eigen.
betrogenen betrügern, ich und du!

wir meintens gut und wurden gräulich
schuldig,
weil wir zu eng waren und zu unge-
duldig.
weit muß man sein und unaussprech-
lich mild,
man darf das unrecht nicht durch
unrecht rächen
und überall den mut zum frieden
schwächen,
so wird der menschen sehnen nie
gestillt!

wir hätten warten und abwiegeln
sollen,
uns gegen jeden haß abriegeln sollen,
statt dessen halfen wir den herzlosen,
die unsre blöde Plumpheit erst
erkannte,

als alle welt schon in das unheil rannte
der riesenlotterie von schmerz-losen!

mitschuldig sind wir an den millionen
von toten richtenden, die uns nicht
schonen.
weil wir das furchtbare nicht gewollt,
weh, wenn wir nach der schrecklich-
sten der lehren
uns halb nur und nicht radikal
bekehren,
wo es noch immer unterirdisch grollt!

wir können anders nicht verzeihung
finden,
als wenn wir uns durch ein gelübde
binden,
alles zu ächten, was nach kriegen
schielt,
dem krieg, dem massenmörder der
verhetzten,
krieg selber anzusagen bis zum letzten,
bis daß das lamm einst mit dem löwen
spielt!

Schiedel litt unsäglich unter dem Verlust seiner Heimat und dem Nichtvorhandensein einer Familie. So stehen seine Person und sein Werk auch für die große Einsamkeit von Menschen in unserer Zeit. Äußerlich scheinbar hier und da angekommen, trieb er durch seine Tage wie ein leckgewordenes Schiff, stets auf der Suche nach einem schützenden Hafen.

Die aufstrebende feine Gesellschaft der fünfziger Jahre duldete ihn, lächelte über ihn. War er doch in seinem verborgenen Gottsuchertum auch ein bißchen exotisch und dadurch wieder interessant. Im ganzen hat er 21 Gedichthefte herausgegeben.

Zuletzt lebte er in dem Alltgäustädtchen Wangen, war für die schmalen Gäßchen und alten Mauern geradezu gemacht, wenn er in seinem verwegenen Hütchen, an dem nie eine frische Blume fehlte, eins wurde mit Menschen, die ihn lächelnd in ihre Zuneigung einschlossen. So konnte er Fuß fassen im Wangener Kreis, einem Zusammenschluß von Literaten und bildenden Künstlern aus dem alten Schlesien. Er verstarb 1953, und seine am Ende des Lebens gefundenen Freunde und die Stadt Wangen ehrten ihn mit einem Porträtbild im historischen Rathaus. Es ist ein Werk des unlängst verstorbenen großen Malers Wolfgang von Websky, der aus einer berühmten schlesischen Familie stammt und als Offizier 1945 der letzte Stadtkommandant von Schweidnitz war, wo er viel Unheil verhüten konnte und von Freund und Feind geachtet wurde.

Unweit von Schweidnitz liegt Kreisau (als Rittersitz 1250 erstmals erwähnt, 1330 mit Schloß und Kapelle). Dort wurde von dem letzten Besitzer Helmut James Graf v. Moltke (geb. 1907) und seinem Freund Peter Graf York v. Wartenberg der »Kreisauer Kreis« ins Leben gerufen, der sich aus entschiedenen Gegnern des Hitler-Regimes zusammensetzte. Heute wird dort eine internationale Gedenk- und Begegnungsstätte eingerichtet und das in schlechtem Zustand befindliche Schloß der Grafen von Moltke wieder restauriert. Dabei soll nicht nur der Männer vom 20. Juli 1944 gedacht werden, die von der Gestapo verhaftet, durch den »Volksgerichtshof« in Berlin zum Tode verurteilt und in Plötzensee hingerichtet wurden. Vielmehr sollen sich dort

Beuthen an der Oder. Wurde im Volksmund »Kuh-Beuthen« genannt.

Kapelle und Gasthaus auf dem Zobten

Menschen aus vielen Ländern treffen, um am Vorbild dieser Männer in ihrer Zeit zu wirken und möglichen Entwicklungen wie dazumal jenen im faschistischen Deutschland zuvorzukommen.

In einem Pfarrhaus im niederschlesischen Beuthen an der Oder geboren, schied der Dichter Jochen Klepper, aus tragischer Einsicht, daß keine Rettung möglich war, am 10. Dezember 1942 mit seiner jüdischen Frau und Tochter aus dem Leben. In seinem Tagebuch schrieb er dazu:

»Nachmittags die Verhandlung auf dem Sicherheitsdienst.
Wir sterben nun – ach, auch das steht bei Gott –
Wir gehen heute nacht gemeinsam in den Tod.
Über uns steht in den letzten Stunden das Bild
des Segnenden Christus, der um uns ringt.
In dessen Anblick endet unser Leben.«

Was all die hier genannten Persönlichkeiten verbindet, ist das Eingebundensein in ihre schlesische Herkunft und der Blick auf den Zobten, das Wahrzeichen des Landes – sich unvermittelt aus der weiten fruchtbaren Ackerebene erhebend, von überall her sichtbar, der geographische und geistige Mittelpunkt jener Region.

Als der Schöpfer an die Gestaltung dieses Landes ging, wollte er die großen und kleinen Berge alle in eine lustige Reihe setzen. Das gelang auch – bis auf den Zobten. »So, da sitzt du eben allein in der Mitte. Das hast du nun davon!«, soll der Herrgott gesagt haben. Doch genau das wollte dieser aufmüpfige Berg!

Der Dichter Paul Keller (1873–1932) hat in seinem höchst vergnüglichen Stück »Bergkrach« (wo die Berge, einer Nationalversammlung gleichend, munter streiten) dem Zobten eine Paraderolle eingeräumt. Dabei ist er ja nur 718 m hoch! Die von ihm attakierte Schneekoppe hingegen bringt es auf 1605 m! Aber sie konnte sich nie solch euphorischer Namen erfreuen wie der Zobten: Götterberg – schlesischer Olymp – Ararat – Heiliger Berg der Väter – Rätselberg – Berg der Feuer – oder schlicht und einfach (wie Karl von Holtei, der Breslauer Theatermann, Verfasser des ersten deutschen Kriminalromanes und schlesischer Mundartdichter, 1798–1880, nach langer Wanderschaft durch die Welt ausrief) – »Ach Zutabarg, du schiener blooer Hübel!«

Zur Mundartdichtung wurde Holtei von dem alemannischen Dichter Johann Peter Hebel angeregt (dem er auch ein Gedicht widmete) und von Goethe. Diese schillernde, reiselustige Theater- und Dichtergestalt zwischen Shakespeare-Darstellungen und der Kriminalgeschichte »Tod in Danzig« hatte am Ende ein altes heimweh-

krankes Herz und verkündete: »Suste nischt ock heem!«, das heißt: »Sonst weiter nichts, als nur nach Hause!«

Eine ganze Reihe Funde belegt, daß die Zobtengegend schon in vorchristlicher Zeit besiedelt war. Der heute noch bei Jordansmühl abgebaute Halbedelstein Nephrit wurde bereits in der Jungsteinzeit zu Beilen, Äxten und Hacken verarbeitet. Der berühmteste Fund stammt (1925) ebenfalls aus der Gemarkung von Jordansmühl: eine 33 Zentimeter hohe, wirklichkeitsgetreue Widderplastik aus Ton, die mit ihren schönen Schnurbandverzierungen der Lausitzer Trinkbecherkultur zugeordnet wird.

Da in heidnischer Vorzeit der Zobten (als Götterberg) Kultzwecken diente (was

Keramikfunde in einem nahe bei Breslau aufgedeckten Grab der jüngeren Leichenbrand-Gräberfelder-Periode (ca. 500–200 v. Chr.)

auch die noch vorhandenen steinernen Opfertische und großen Steinplastiken bezeugen), dürfte auch dieser Widder solchem Prozedere gedient haben – wie der zwei Meter hohe »Mönch«, die »Jungfrau mit dem Fisch« oder die respektlos als »Striegelmühler Sau« bezeichnete Figur eines Bären. In der Zeit der germanischen Besiedlung, als die aus dem skandinavischen Raum stammenden Silinger dort ein halbes Jahrtausend lebten (100 v. Chr.–415 n. Ch.), befand sich auf dem Berg ein heiliger Hain (wovon Ringwälle und eine etwa 2 000 m lange zyklopische Steinmauer auf dem Nachbargipfel Geiersberg Kunde geben).

Das Wichtigste an dieser Geschichte ist, daß die Silinger ihrem heiligen Berg den Namen SILING gegeben haben, von dem sich später der Name des Landes, SCHLESIEN, ableitete.

In diesem Zusammenhang noch eine notwendige Bemerkung zur Begriffsklärung. Niederschlesien, von dem in diesem Buch die Rede sein soll, war früher – aus administrativen Gründen – in Nieder- und Mittelschlesien aufgeteilt. Später wuchs dann beides wieder zu einer einzigen Provinz – eben Niederschlesien (oder einfach Schlesien), benachbart zur Provinz Oberschlesien, zusammen.

»Der Schlesier ist heiter an Gemüt, die Traurigkeit
verachtend, mild und streng in der Gesinnung,
voll Liebe zur Heimat. Tugend liebt man in
Schlesien, Frömmigkeit, die Gott versöhnt, und
Demut und Gerechtigkeit ...«

O. P. Geyer (Vulturinus)

Görlitz. Ehemalige Ratsapotheke am Unter-
markt mit Sonnenuhr.
Links: Die Görlitzer Neiße teilt die Stadt in
einen deutschen und einen polnischen Teil. Nahe
am Flußufer die mächtige Kirche St. Peter und
Paul. Sie wurde 1225 im spätgotischen Stil
begonnen und 1497 fertiggestellt.
Vorhergehende Seite: Epitaph aus der Grabka-
pelle der 1512 erbauten katholischen St. Hedwigskirche in Greiffenberg.

*Der Marktplatz von Lauban, einer alten Leineweberstadt, die in allen Kriegen, welche das
Land heimgesucht haben, schwer zu leiden hatte. Der Krämerturm aus der Zeit nach 1537
gehörte zum alten Rathaus und wird gerade restauriert.
Links: Das Kaufhaus am Demianiplatz in Görlitz stammt aus den Jahren 1912/13 und
hatte das Kaufhaus Wertheim in Berlin zum Vorbild. Das herrliche Jugendstil-Interieur
ist eine Augenweide.*

Löwenberg. Das Rathaus gilt – nach dem Breslauer – als das zweitschönste in Schlesien. Es stammt aus dem frühen 16. Jahrhundert und wird dem Görlitzer Baumeister Wendelin Roßkopf zugeschrieben. Herausragend vor allem das Kreuzrippengewölbe im Untergeschoß, das mit Epitaphien aus einheimischem Quadersandstein geschmückt ist.

*Schönberg (Oberlausitz). Die typischen Umgebindehäuser (Holzpfeiler mit Rundbogen)
hatten auch einen praktischen Bewand – sie fingen die Erschütterungen ab, die durch die
Handwebstühle hervorgerufen wurden.
In Schönberg wurde das strapazierfähige »Missolan« gewebt und brachte einen
bescheidenen Wohlstand.*

Im Kreis Liebenthal. Die Dorfstraße mit dem bunten Bildstock ist ziemlich ungewöhnlich
für das protestantische Niederschlesien und hängt wohl mit den Bevölkerungsbewegungen
nach dem Kriege zusammen.
Das nahegelegene, ehedem so berühmte Kloster Liebenthal beherbergte später
verschiedene schulische Einrichtungen.

24

Die Burg Tzschocha ist auf einem Felsen am Queisufer, ein paar Kilometer östlich von Marklissa gelegen. Sie gilt als die besterhaltene Burganlage Niederschlesiens (mit schönen Sgrafitti am Torbogen).

Auf einem knapp 400 Meter hohen Basaltkegel thront die Gröditzburg, von der man weit das schlesische Land übersehen kann. Hans von Schweinichen (1562–1616), der schreibende Ritter, war hier zeitweise Burghauptmann. Sein »Memorialbuch« ist ein Spiegel dieser turbulenten Epoche.

Auch im Isergebirge stirbt der Wald. Ob neugepflanzte Bäume widerstandsfähiger sind, ist mehr als fraglich. Dabei gab es von hier vor nicht einmal allzu langer Zeit einen herrlichen Blick ins »Schlesische Engadin« um Bad Flinsberg.

Die berühmte Töpferstadt Bunzlau verfügte schon 1316 über eine doppelte Stadtmauer aus
Kreidesandstein. Nach Osten, gen Haynau, führte das Obertor. Die Stadtpfarrkirche
St. Mariae, ganz in der Nähe, wurde 1429 von den Hussiten zerstört. Ein Nachfolgebau
entstand zwischen 1482 und 1493, der spätgotische Neubau 1690.
Rechts: Noch in der ersten Hälfte dieses Jahrhunderts war der Zackelfall bei Schreiberhau
die große touristische Attraktion. Heutzutage hat sich manches geändert – weniger Wald,
weniger Wasser, weniger Wildheit.
Seite 30/31: Das Riesengebirge, wie man es kennt und liebt: In den Tälern brodelt der
Nebel, und selten genug setzt die Schneekoppe ihre Tarnkappe ab …

28

Die Schneekoppe, 1605 Meter hoch gelegen, teilt sich zwischen Schlesien und Böhmen. Von der einst so vielgerühmten romantischen Schönheit ist freilich nicht mehr so viel geblieben. Die polnische Baude erinnert eher an einen Weltraumbahnhof …

Die Kirche Wang, aus Norwegen auf Betreiben der Gräfin Reden und mit Unterstützung des Preußenkönigs Friedrich Wilhelm IV. nach Brückenberg gebracht, zählt nach wie vor zu den meistbesuchten Sehenswürdigkeiten des Riesengebirges.

Die Stadt Hirschberg, am Zusammenfluß von Bober und Zacken gelegen, ist seit 1288 urkundlich nachgewiesen. Ältestes kirchliches Bauwerk ist die eben aus diesem Jahr datierende katholische Pfarrkirche St. Erasmus und Pankratius, welche die Häuserzeilen überragt. Der Turm rechts daneben gehört zum Rathaus. Am Bildrand links die Gnadenkirche.

Teil des Marktplatzes von Hirschberg, dessen Bausubstanz liebevoll und gekonnt restauriert wurde. Für alle Hirschberger, die 1945 diese wunderbare Stadt für immer verlassen mußten, ein Ort der Erinnerung – an die jährlichen Aufführungen von Fedor Sommers »Zwischen Mauern und Türmen«, an die »Riesengebirgswochen«, an die bunten Marktstände ...

Die Hirschberger Gnadenkirche »Zum Kreuze Christi« wurde 1709-1718 nach dem Vorbild der Stockholmer Katharinenkirche errichtet. Rechts: Ein barockes Fest – Altar und (vor allem) Orgel der Gnadenkirche

*Auch in Zillerthal-Erdmannsdorf ist es gar nicht
mehr so leicht, eines der typischen Häuser der
Tiroler Einwanderer zu finden.
Darunter: An einem langgestreckten Tal entlang
dem Flüßchen Eglitz liegt die alte Bergbaustadt
Schmiedeberg mit einst reichen Magneteisen-
steinvorkommen.
Links: Die Burg Kynast, fünf Kilometer südlich
von Hirschberg auf einem 600 Meter hohen
Granitfelsen, war einst Stammsitz der späteren
Reichsgrafen von Schaffgotsch und ist auch als
Ruine noch imposant.*

39

Gerhart Hauptmanns Künstlerhaus »Wiesenstein« im Agnetendorf

Die Burg Kynast konnte allen Feinden, aber nicht dem Blitz widerstehen (oben).
Als Luftkurort und Wintersportparadies bekannt – Schreiberhau (darunter)

*Das Kloster Grüssau, 6 Kilometer südöstlich von Landeshut, wurde 1242 von Herzogin
Anna, der Witwe des auf der Wahlstatt gegen die Mongolen gefallenen Herzogs
Heinrich II. von Schlesien, gegründet. Grüssaus Wahrzeichen ist das Marienmünster.
Rechts: Die Ausstattung des Marienmünsters zeugt von der großen künstlerischen Kraft
des schlesischen Barocks.*
*Seite 44/45: Sie sind miteinander alt geworden: Die Häuser, die Brücke,
der hl. Nepomuk ...*

Im Herbst 1993 waren hier noch fleißige Hände mit der Restaurierung befaßt. Das Ergebnis kann sich wahrlich sehen lassen: Die Friedenskirche von Jauer erstrahlt wieder in altem Glanz.

46

Der herrliche Kirchenbau in Jauer geht auf die Jahre von 1645 bis 1656 zurück.
Entsprechend den Vereinbarungen des Westfälischen Friedens durften die Evangelischen
in Schlesien drei Friedenskirchen bauen – aber nur aus Holz und Lehm!

Das Torhaus der Kynsburg im Kreis Waldenburg überrascht mit vorzüglich restaurierter Sgrafitti-Malerei (links).
Für den Maximilianssaal im Schloß Fürstenstein zeichneten F. S. Scheffler (Deckengemälde) und I. Provisor (Marmor- und Stuckarbeiten) verantwortlich (rechts).

Das trutzig ins Waldenburger Land schauende Schloß Fürstenstein wurde 1772–1774 als Barockbau mit 400 Zimmern errichtet. Der Bergfried war Bestandteil einer früheren Anlage aus dem 16. und 17. Jahrhundert. Der letzte Bautrakt entstammt dem Beginn unseres Jahrhunderts.

Das winterliche Waldenburg. Die Stadt, die von der Kohle lebt, aber im 19. Jahrhundert auch durch den Leinenhandel geprägt wurde, erhielt um 1400 deutsches Stadtrecht. Die katholische Marienkirche von 1714 geht auf einen Vorgängerbau von 1250 zurück. Die von C. G. Langhans erbaute evangelische Kirche ersetzt ein älteres Bethaus und ist klassizistisch angelegt.
Rechts: Die Friedenskirche in Schweidnitz konnte 7500 Gläubige aufnehmen und ist in jüngster Zeit ebenfalls originalgetreu restauriert worden.
Seite 52/53: Die Schädelkapelle in Tscherbeney bei Bad Kudowa

Wallfahrtskirche Wartha. Eine Marienwallfahrt ist dort schon um 1200 überliefert. Das Gnadenbild gilt als älteste hölzerne Plastik Schlesiens. Die heutige Kirche wurde zwischen 1680 und 1704 aufgerichtet.

Die Wallfahrtskirche Albendorf im »Herrgottsländchen« um Glatz wurde 1330 als »alberti villa« erwähnt. Die erste Wallfahrt soll um 1550 stattgefunden haben. Ritter Daniel Paschasius von Osterberg schenkte seinen Landsleuten, unter dem Eindruck zweier Reisen in das Heilige Land, das »Schlesische Jerusalem« (von 1683) an).
Seite 56/57: Habelschwerdt ist die Stadt des Dichters Hermann Stehr. Bei dem am linken Bildrand sichtbaren Turm handelt es sich um jenen der katholischen Stadtpfarrkirche. Auf der linken Bildhälfte grüßt der Rathausturm.

In dieser Urwüchsigkeit findet noch Schöpfung statt. Etwa 20 Kilometer vom Zobten in südöstlicher Richtung ist Strehlen gelegen. Die dortigen Steinbrüche lieferten die granitenen Pflastersteine für die schlesischen Straßen.

»Seit Anfang des Monats bin ich nun in diesem zehnfach
interessanten Lande (Schlesien), habe schon manche
Theile des Gebirges und der Ebene durchstrichen und
finde, daß es ein sonderbar schönes, sinnliches und
begreifliches Ganze macht …«

J. W. Goethe

Das Schmuckstück der Breslauer Universität ist der Festsaal, die Aula Leopoldina.
Seite 59: Der schlesische Herzog Heinrich IV. war nicht nur ein Mann des Schwertes,
sondern auch einer des dichterischen Wortes – ein Minnesänger. Sein Grab, ehedem in der
Breslauer Kreuzkirche, ist jetzt im dortigen Nationalmuseum.
Seite 60/61: Trotz aller Konkurrenz – das Breslauer Rathaus ist das schönste im ganzen
Land. Die entscheidende Bauzeit dieses großen gotischen Bauwerkes war zwischen 1471
und 1504, doch wurde es bereits 1299 erstmals urkundlich erwähnt.

Die Breslauer Universität war die jüngste in Preußen. Hervorgegangen aus einem
Jesuitenkolleg, steht sie an jener Stelle, wo sich einst die kaiserliche Burg befand. Eines
seiner schönen Gesichter wendet Schlesiens prachtvollster Barockbau der Oder zu.
Seite 64/65: Dieser Blick über die Oder auf die Breslauer Dominsel ist unverwechselbar.
Die Kreuzkirche, links im Bild, ist ein gotischer Bau von 1288. Daß die Türme des Domes
nun wieder mit Turmspitzen versehen sind, wird für viele Liebhaber der Stadt eine große
Freude sein.

Die farbenfrohen Giebelseiten dieser Häuserzeile am Blücherplatz verweisen auf die alten
kaufmännischen Traditionen Breslaus. Früher (ab 1242) war hier der Salzmarkt.
Links: Der Breslauer Dom St. Johannes der Täufer, eine dreischiffige gotische Basilika
mit barocken Kapellanbauten, wurde in der Mitte des 13.Jahrhunderts begonnen und im
14.Jahrhundert vollendet. Die erste große Zerstörung (Brand) erfolgte 1759, die zweite 1945.
Seite 68/69: Wie durch ein Wunder blieb das Schloß in Oels vor Kriegsschäden (nicht aber
vor Plünderungen) verschont. Der guterhaltene Bau im Stile der Renaissance diente Prinz
Wilhelm von Preußen ab 1918 als Wohnsitz, nach 1945 den sowjetischen Truppen als
Stabsquartier.

Trebnitz war das erste schlesische Frauenklo-
ster, eine Stiftung Herzog Heinrichs I., der
damit einer Bitte seiner Gemahlin Hedwig ent-
sprach. Diese lebte als Witwe in Trebnitz und
wurde auch hier beigesetzt. Ihre Grabstätte in
der nach ihr benannten Kapelle (Südapsis der
Klosterkirche) erhielt 1679/1680 die heutige
prachtvolle Ausgestaltung.
Seite 72/73: Kloster Leubus ist das älteste schlesische Kloster (1175) und geht auf Herzog Boleslaus I. zurück. Die ersten Mönche kamen aus
dem Zisterzienserkloster Pforta bei Naumburg.

Die 1369 erbaute Hedwigskirche (Schloßkirche) in Brieg barg bis 1945 (heute befinden sich diese im Schloß) sieben prachtvolle Särge der Piasten. Als diese Dynastie 1675 erlosch, endete auch Briegs große Zeit als Residenzstadt.

*Die Schlacht von Mollwitz am 10. April 1741 begründete den kriegerischen Ruhm
Friedrichs II., der hier an der Spitze des preußischen Heeres die Österreicher besiegte. Die
Mollwitzer evangelische Pfarrkirche birgt schönste spätgotische Malereien (Weltgericht
und Anbetung des Kindes).*

*Alte kleine Dorfkirchen wie diese in Groß-Kauer (Kreis Glogau) sind überall in Schlesien
zu finden. Sie versinnbildlichen die tiefe Religiosität der Menschen.
Rechts: Grabfigur der Herzogin Mechthild aus dem Dom zu Glogau (heute im
Nationalmuseum Breslau).*

»*Was die Landschaft singt, das grub sich in das Wesen*
der Schlesier, das klingen die Menschen wider.
Dieser schlesische Mensch ist unverwechselbar wie seine Berge,
seine Ebenen, sein Himmel, seine Flüsse und Seen,
die sein Blut keltern und seinen Geist formen.«

H. Stehr

Liegnitzer Sehenswürdigkeiten: die »Heringsbuden«, das »Wachtelkorb« genannte schöne Renaissancehaus, die Fürstengruft (Fotos S. 79) sowie die katholische Pfarrkirche St. Peter und Paul (links).

Die der hl. Hedwig geweihte Kirche des Klosters Wahlstatt wurde von K. I. Dientzenhofer
erbaut (1723–1731), der Innenraum der Kirche 1733 von C. D. Assam ausgemalt. Die Anlage
erinnert an jene für die Geschichte Schlesiens und des Abendlandes so bedeutungsvolle
Schlacht von 1241, als sich Herzog Heinrich II., der Fromme, mit seinem Heer deutscher
und polnischer Ritter den Mongolen entgegenstellte und fiel.

Beuthen an der Oder wurde von den Schlesiern respektlos »Kuh-Beuthen« genannt. Die
Ansiedlung ist als Kirchort seit 1175 bezeugt, die Stadtgründung nach deutschem Recht
dürfte zwischen 1263 und 1289 gelegen haben.
Die jetzt blaue Prachtfassade des Hotels »Zum Goldenen Löwen« strahlte früher
goldgelb …

82

Das Glogauer Schloß, ein barocker Bau, wurde 1945 – bis auf Fassade, Portal und
Hungerturm – zerstört. Der Wiederaufbau erfolgte nach 1960.
Berühmte Söhne der Stadt sind der große Barockdichter Andreas Gryphius und der
Romancier Arnold Zweig.

Heiter, wie es sich für eine Stadt des Weines gehört, präsentiert sich der Grünberger
Marktplatz. Die Reben brachten einst Siedler aus dem Rheingau und aus Franken mit.
Wenngleich der Wein oft verspottet wurde, gab es hier (1824) die erste deutsche Sektfabrik.
Grünbergs einstiger Glanz und Reichtum indes ist der Tuchmacherei zu verdanken.

*In der sumpfigen Oderniederung am Rande des Glogauer-Baruther Urstromtales bereitet
sich über zehn Kilometer Länge der Schlesiersee aus – eine fast unberührte Landschaft
voller Melancholie.*
Seite 86/87: Romantisches Bähnlein mit dunklen Wolken (Kreis Grünberg)

Winterstimmung an der Oder bei Neusalz. Der Ort wurde als Salzsiederei für das aus Frankreich und Spanien auf Oderschiffen herangeschaffte Meersalz gegründet (1563) und 1743 durch Friedrich II. zur Stadt erhoben.

VON KLUGHEIT, ANMUT, POESIE
UND VORTREFFLICHEN IDEEN

Auf daß die Welt dieses schlesischen Guckkastens stets in den buntesten Farben erstrahle, haben durch die Jahrhunderte Frauen in unterschiedlicher Herkunft und eigenwilliger Weise das Ihre dazu beigetragen. Sei es mit resoluter Tatkraft, Mutterwitz oder tiefer Frömmigkeit (es scheint, als hätten die einen versucht, der Landesmutter, der hl. Hedwig, nachzueifern) oder aber mit dem krassen Gegenteil, wenn es um Gehorsam und Tugendhaftigkeit ging.

Die Stadt Löwenberg am linken Boberufer ist eine der ersten Rodungssiedlungen, die im frühen 13. Jh. durch Heinrich I. an der Innenseite des Löwenberger Hags, wie dort der undurchdringliche Grenzwald »Preseka« genannt wurde, als deutschrechtliche Stadt entstand. Am 9. April 1631 haben die einheimischen Frauen wahren Löwenmut bewiesen, als sie es wagten, den Ratsherren und ihren angetrauten Ehegatten zu widersprechen.

Es war die Zeit der Glaubenskämpfe, die großes Leid unter die Menschen brachte und nicht selten als schmerzhafter Riß durch Familien oder gar Ehepaare ging. Die Ratsherren zu Löwenberg hatten sich geschlossen der neuen protestantischen Lehre zugewandt, während ihre Ehefrauen noch treu dem alten Glauben anhingen. Dieser Zustand war unhaltbar. Als es nicht gelang, die Frauen umzustimmen, wurde beschlossen, daß der Hohe Rat der Stadt Löwenberg in dieser Sache ein Machtwort sprechen müßte. Also wurden an jenem 9. April vom Stadtdiener alle widersetzlichen Weibsbilder ins Rathaus befohlen, wo ihnen von den Ratsherren in

Talar und Perücke befohlen werden sollte, ihren alten Glauben abzulegen.

Es kam anders. Mit den Erwarteten strömten so viele andere Löwenberger Frauen ins Rathaus, daß alle Flure und Treppen verstopft waren. Alle hatten sie große Schlüsselbunde bei sich, mit denen sie lärmend drohten.

Als der zu ihnen geschickte Ratsdiener verkündete, daß doch nur »die vürnehmsten Frauen der Ratsherren kommen sollten …«, löste das ein großes Gelächter aus. Die Bürgermeistergattin rief in den Ratsaal: »Ja, meint Ihr denn, daß wir so einfäl-

Gustav Freytag (1816–1895)

89

Glogau von der Abendseite (F. G. Endler)

tig sind, diesen Possen nicht zu merken, daß man uns arme Weiber wider unser Gewissen zwingen will und dringen will, den Glauben zu wechseln, wie Ihr es befehlt! Habt Ihr einen Teufel zusammengekocht oder gebraten, so mögt Ihr ihn auch selber aufessen!«

Und dabei sind sie geblieben. Und so mancher Dichter, wie Gustav Freytag, hat diesen Löwenberger Weiberkrieg literarisch dargestellt.

Fast hundert Jahre später betrat eine ganz andere Art Frau die schlesische Bühne, nämlich die Barberina – eine 1721 in Parma geborene Tänzerin, die schon mit 16 Jahren zur Berühmtheit wurde. Ihr Weg nach Glogau führte sie über Paris und London nach Berlin. Der junge König Fried-

rich II., der damals noch nicht der »Große« war, wollte sie für seine Oper haben.

Ihr Name war in aller Munde. Verehrer, Freunde und Gönner verschafften ihr ein gutes Auskommen. Der Generalinspekteur der Akademie der Musik in Paris plünderte ihretwegen sogar die Theaterkasse. Offensichtlich war die junge, temperamentvolle Italienerin nicht gleichermaßen tugendsam wie tänzerisch begabt. Auch Preußen sollte das erfahren. Denn bevor sie nach Berlin reiste, um ihren Vertrag zu erfüllen, verliebte sie sich in einen jungen englischen Lord, heiratete ihn und brannte mit ihm durch. Es gelang ihr, den ganzen Apparat preußischer Diplomatie in Bewegung zu setzen, bis sie schließlich, gut bewacht, am 8. Mai 1744 in Berlin eintraf.

Am 13. Mai sah sie der junge König ein erstes Mal tanzen. Er war entzückt von ihrer Kunst, ihrer Schönheit und ihren geistvollen Reden. Durch einen Minister ließ er ihr eine Art Blanko-Scheck überreichen, in den sie selber die Höhe ihrer Jahresgage einsetzen sollte. Ob es ihm die Sprache verschlagen hat, als die Barberina 5000 Reichstaler einsetzte, ist nicht überliefert. Jedenfalls ließ er sich nicht lumpen und erhöhte ein Jahr später um 2000 Reichstaler. Dafür mußte sich die Tänzerin verpflichten, während der Vertragsdauer nicht zu heiraten. Offenbar hatte sich der König in sie verliebt, wovon etliche von ihm gesandte Billets zeugen – u. a. dieses: »Wenn Ihr schönen Augen bezahlt sein sollen, so müssen Sie sich zeigen«.

Die Barbarina führte in der Behrenstraße ein großes Haus, in dem Künstler, Aristokraten, Offiziere und andere Verehrer aus- und eingingen. Es gab peinliche Skandale, und ihre Schulden stiegen – bei ihrem aufwendigen Leben – ins Unermeßliche.

Jetzt hatte die königliche Großmut ein Ende. Die Barberina wurde mit dem Sohn des Großkanzlers Cocceji verheiratet und dadurch Freifrau; ihr Gemahl mit einem Jahresgehalt von 600 Reichstalern nach Glogau in Niederschlesien versetzt. Als sie sich beklagte, »auf so einem schlesischen Kuhdorf residieren zu müssen«, soll ihr der König mit dem Krückstock gedroht haben. Nach seinem Tod (1786) ließ sich das Paar scheiden.

Auch die alternde Barberina blieb Komödiantin durch und durch. Sie trug ein Brilliantkreuz und schmückte sich mit der Robe einer Äbtissin, stiftete in »ihrem Haus«, dem Glogauer Schloß, ein »Asyl der Tugend.« – Dieses Tugendstift aber soll durch einen unterirdischen Gang mit einem kleinen Schloß in der Nähe verbun-

den gewesen sein, wo die Tugend ausgesperrt blieb …

Nur ein Jahr nach der Barbarina wurde eine nicht weniger schillernde Person geboren – Anna Luise Karsch, Tochter eines Schankwirtes aus Hammer bei Schwiebus, das damals noch zu Niederschlesien gehörte. Die dichtende preußische Patriotin galt als »deutsche Sappho«. Als Kind war sie das häßliche Entlein der Familie gewesen, aus dem sich auch später nie ein schöner Schwan entwickelte. Ihr Oheim, Justizamtmann Fekke in Tirschtiegel, nahm sie in seinem Haushalt auf, förderte ihre Wißbegierde, brachte ihr schon sehr früh Lesen und Schreiben bei und – zum Entsetzen der Großmutter (anstatt weiblicher Fertigkeiten!) – Latein. Nach dem Nachtgebet wiederholte sie die Vokabeln, bis sie einschlief.

Doch die Familie holte sie wieder zurück. Sie mußte die kleineren Stiefgeschwister versorgen und das Vieh hüten. Dabei sehnte sie sich nach des Oheims Büchern. Schließlich machte sie sich eines Tages ins Preußische auf und ging nach Berlin. Doch sie wurde erneut in die ungeliebte Familie zurückgeholt. So erschien ihr als einziger Ausweg eine Heirat mit dem ehrbaren Tuchmacher Hirsekorn aus Schwiebus. Damit nahm ihr Elend seinen Lauf. Für Hirsekorn war Bücherlesen ein schlimmes Laster, da ja seine Frau in dieser Zeit keine nützliche Arbeit verrichtete.

Stets hatte sie unter den Kopfkissen ihrer Kinder ein Buch liegen. Sie träumte und reimte sich in eine bessere Zeit. Ihre Reimkunst sprach sich herum, Nachbarn und Verliebte bestellten gegen Bezahlung Verse bei ihr. Tuchmacher Hirsekorn aber warf diese wütend ins Feuer, darunter auch solche, die dem großen König in Potsdam gewidmet waren. Von ihm erhoffte sie sich in kindlichem Vertrauen Hilfe.

Anna Luise Karschin, geb. Dürbach
(1722-1791)

Zeiten beim Oheim in Tirschtiegel gedenkend, schrieb Anna Luise: »Nimmer soll es meine Seele vergessen, wie tief ich heruntergesunken und wie hoffnungslos mein Zustand war.«

In ihren Versen fand sie Trost. Die Familie siedelte nach Fraustadt über, ihre Gedichte wurden mit Hilfe von Gönnern ein erstes Mal gedruckt. Nachdem ihr Gemahl unter die Soldaten gesteckt wurde, war sie von ihm befreit. Freunde halfen ihr, mit den Kindern nach Groß-Glogau überzusiedeln, und Anna Luise Karsch schrieb sichtlich bewegt nieder: »Mich dünkt, mein Genie war gleich einem Vogel, der zum ersten Mal sich seiner Gabe zu fliegen bewußt ist!«

In Glogau kam sie mit Künstlern und Gelehrten zusammen, die sie und ihr bewegtes Leben bewunderten, sie unterstützten und förderten. Ihre Gedichte auf die Siege Friedrichs des Großen erregten Aufsehen, sie verstand es, in Verse zu fassen, was andere fühlten:

> Der Wahrheit Stimme will ich brauchen
> Und sollt ich meinen Bissen Brot
> Mit Salz bestreut in Essig tauchen,
> So blieb sie mein größt' Gebot.
>
> Sie hieß mich Friedrichs Siege singen;
> Und wollten seine Feinde mich
> Zu andern Tönen grausam zwingen:
> doch säng' ich sterbend – Friederich!

Baron von Kottwitz wurde ihr Förderer und führte sie 1761 in die Berliner Salons ein. Sie erreichte, wovon sie immer geträumt hatte: Eine Audienz beim König. Beeindruckt und gerührt von ihrer Dichtkunst und ihrem Patriotismus ließ er ihr finanzielle Hilfe zukommen. Auch knüpfte sie freundschaftliche Kontakte zur Schwe-

Diese kam unerwartet mit einem neuen Gesetz, das die Scheidung ermöglichte. Obwohl sie schwanger war, stieß Hirsekorn sie regelrecht aus dem Haus. Anna Luise war die erste geschiedene Frau in Preußen. Doch wollte sie ihren Kindern wieder einen Vater geben. Heiratete deshalb gegen ihr Gefühl den trunksüchtigen Schneider Karsch und gebar ihm vier Kinder. Schneider Karsch verkaufte sogar ihre und die Kleider der Kinder, um Geld fürs Trinken zu bekommen. Schläge waren an der Tagesordnung. An die einzig schönen

ster des Königs, Amalia, die Melodien zu ihren Versen schrieb.

Der vom Hirtenmädchen zur Dichterin Aufgestiegenen gefiel das Berliner Leben. Sie wurde geehrt und war berühmt. Leider ging sie mit Geld zu verschwenderisch um, so daß die 2 000 Taler für einen Gedichtband schnell verbraucht waren und sich die Karschin den Ruf einer exzentrischen, verschwenderischen Schneidersfrau erwarb. Als sie 1791 verstarb, hinterließ sie ein erstaunliches Werk.

Zu der Zeit, da die Karschin als »deutsche Sappho« gefeiert wurde, wuchs in Wolfenbüttel ein adeliges Fräulein heran, das später zu den edelsten Frauen Schlesiens und zur Wohltäterin der armen Riesengebirgsbevölkerung werden sollte: Friederike Freiin von Riedesel, geboren am 12. Mai 1774. 1802 verheiratete sie sich mit Friedrich Wilhelm Graf von Reden – später als preußischer Staatsminister der erfolgreiche Neubegründer des oberschlesischen Bergbaues und der Hüttenindustrie. Nachdem das kinderlos gebliebene Paar Schloß Buchwald im Riesengebirge bezogen hatte, kümmerte es sich um die sozialen Belange der notleidenden Gebirgsbevölkerung. Nach dem Tod des Grafen setzte seine Gattin das gemeinsame Werk fort und nutzte dafür ihre gute Verbindung zum Königshaus. So erwarb sich Gräfin Reden große Verdienste um die Ansiedlung der 400 Tiroler Glaubensflüchtlinge, die ihre Heimat wegen ihrer protestantischen Konfession verlassen mußten. Friedrich Wilhelm III. überließ den Tirolern daraufhin im Jahre 1837 große Teile des Erdmannsdorfer Gutsbesitzes als Bauland zur Neuansiedlung – getreu dem Wahlspruch Preußens: »Hier kann jeder nach seiner Fasson selig werden!«

Die evangelischen Zuwanderer bauten ihre Häuser oft bildgetreu nach den in ihrer Heimat zurückgelassenen auf, so daß ein neuer Ortsteil mit einem völlig anderen Gesicht entstand. Später hieß die Gesamtgemeinde Zillerthal-Erdmannsdorf. Eine ovale Gedenktafel mit dem Porträt des Königs, gehalten von einem schlesischen und einem Tiroler Bauernbuben, erinnert vor der evangelischen Kirche an diese Ansiedlung. Trotz An- und Umbauten sind auch heute im Hirschberger Tal noch bauliche Reste der Tiroler Häuser zu entdecken, erkennbar an ihren dunklen Holzbalkonen, die zumeist die ganze Hauswand umlaufen. Ganz in ihrer Nähe erhebt sich neben der Straße in Richtung Seidorf-Giersdorf die neue Staumauer des im Bau befindlichen Staubeckens für zusätzliche Energiegewinnung.

Gräfin Reden war überzeugte Protestantin. Sie hielt mehrmals in der Woche Bibelstunden ab, und als eine ihrer größten Taten darf der Aufbau der Kirche Wang in Brückenberg bei Krummhübel angesehen werden. In ihrem Bemühen, den weit verstreut lebenden Gebirglern stundenlange beschwerliche Wege zum sonntäglichen Gottesdienst zu erleichtern, kam ihr die Nachricht, daß der ihr befreundete König

Schloß Buchwald

93

Friedrich Wilhelm IV. in Nordnorwegen eine jahrhundertealte Stabholzkirche ersteigert hatte, sehr gelegen. Nachdem zunächst diese Kirche aus Wang in der Nähe Berlins wieder aufgebaut werden sollte, gelang es der inzwischen 68jährigen Gräfin, die dem jungen König eine aufrichtige und mütterliche Freundin war, diesen für ihren Plan zu gewinnen. Die in Einzelteile zerlegte Stabholzkirche wurde auf See- und Landwegen an ihren Standort im Riesengebirge gebracht und wieder aufgebaut. Bei der Einweihung am 28. Juli 1844 überreichte Baumeister Haman dem König die Kirchenschlüssel. Dieser gab sie an die Gräfin weiter, hielt dabei jedoch ihre Hand fest, und gemeinsam schlossen beide die Kirche Wang auf und übergaben sie ihrer Bestimmung.

Unweit davon, im Eulengebirge, hatte sechs Wochen vorher der Aufstand der schlesischen Weber stattgefunden. Von den im gleichen Elend lebenden Riesengebirgswebern hieß es, daß sie keine Kraft mehr zum Aufstand gehabt hätten. Vielleicht auch hatte das jahrzehntelange soziale Wirken der von Redens auf Buchwald hier und da die größte Not gelindert und Hoffnung gegeben.

Nach dem Tod dieser geachteten Wohltäterin ließ der König an der Kirche Wang eine Gedenktafel mit folgendem Text anbringen: »Johanna Juliane Friederike Gräfin von Reden, geb. von Riedesel zu Eisenbach, Witwe des Staatsministers Grafen von Reden, geb. zu Wolfenbüttel den 12. Mai 1774, seelig entschlafen zu Buchwald den 14. Mai 1854.«

Auf ganz andere Art machte die schöne Herzogin von Sagan von sich reden. Sie war die jüngste der drei Töchter des Herzogs Peter von Kurland, der zu diesem Titel und dem damit verbundenen Vermögen gelangte, weil sein Vater, Johann

Wappen der Stadt Sagan

Biron, ein von der Zarin heißgeliebter kurländischer Stallbursche gewesen war. Wäre die schöne Herzogstochter Dorothea ein Sohn gewesen, hätte ihn der Zar möglicherweise aus der Wiege rauben lassen. So aber galt es nur, diese ostelbische Schöne, fünfzehnjährig, gut zu verheiraten. Herzog Peter von Kurland kaufte mit dem ererbten Vermögen dem Fürsten Wenzel Eusebius von Lobkowitz das Saganer Schloß ab, in dessen Hände dieses 1634 nach dem Tode Wallensteins gekommen war.

Dort wohnte jetzt die nunmehr wenig vermögende Familie des Kurländers, und kein Geringerer als der Zar selbst betrieb die Verheiratung Dorotheas mit dem französischen Grafen Edmond de Périgord. Diese jedoch verabscheute den ihr aufgezwungenen Mann, der zum Glück viel abwesend war. Schon an ihrem Hochzeitstag hatte sich Dorothea ausgerechnet in den ihr angeheirateten Oheim verliebt. Dieser war kein Geringerer als der berühmte französische Außenminister und Erste Bevollmächtigte beim Wiener Kongress, Fürst von Talleyrand, Fürst von Bénévent, Exbischof von Autun, vormals Abbé de Périgord.

Die inzwischen 20jährige Dorothea brachte es fertig, ihm nach Wien zu folgen.

Dort führte sie mit Umsicht und Charme das von ihm gemietete Haus, in dem er während des Wiener Kongresses Gesandte, Fürsten, Freunde und Feinde empfing und Weltpolitik machte.

Dorothea war die letzte große Liebe des alternden Fürsten. Die Verbindung soll, trotz des großen Altersunterschiedes von 40 Jahren, sehr glücklich gewesen sein.

Später hat die schöne Herzogin das Schloß von Sagan künstlerisch neugestalten lassen. Für den Garten stand ihr Fürst Pückler-Muskau beratend zur Seite.

Man nannte sie den »schlesischen Schwan« oder die »jüdische Nachtigall«, die unvergleichliche Friederike Kempner, die an der unfreiwilligen Komik ihrer Gedichte gemessen wird. Dabei wird noch heute übersehen, daß sie auf ihre Weise eine Anwältin der im Leben zu kurz Gekommenen war - wie das Beispiel »Nein!« beweist:

> Unschuldig verurtheilt sein
> Ist ein Unglück, das nicht klein,
> doch natürlich ist es fast,
> Trifft den Richter keine Last.
>
> Keine Schuld? Ach, unfehlbar,
> Ob ein Richter stets es war?
> Straflos darf ein Richter sein?
> Darauf sagt ein jeder nein!

Wer war diese Friederike Kempner? – Sie wurde am 25. Juni 1836 in Opatow bei Posen geboren, entstammte einer aufgeschlossenen jüdischen Familie. Die Mutter war eine geborene Askenasy. Ihr Vater, Gutspächter, erwarb später ein Rittergut in Schlesien, von dessen Umfeld sie geprägt wurde. Biographen sagen über Friederike Kempner, daß ihr Schicksal in der wilhelminischen Ära als das eines gutsituierten Fräuleins schon vorgezeichnet war. Behütet und unverheiratet bleibend, wegen ihrer eigenartigen Dichtung belächelt, wurde sie auch von ihrer Familie eher geduldet denn geliebt. Obwohl sie einen klaren Blick für Arme und Entrechtete hatte, bereitete ihr der rechte Ausdruck größte Schwierigkeiten, so daß Stilblüten und Ungereimtheiten das Gutgemeinte zu einem Werk unfreiwilliger Komik werden ließen. Friederike Kempner arbeitete aufopfernd in der Krankenpflege und Armenfürsorge (1851-1868), holte sich dort ihre Kenntnisse über die sozialen Mißstände und Ungerechtigkeiten ihrer Zeit. Sie lebte und dichtete später auf ihrem Besitz, dem Friederikenhof in Reichenthal. Dort verstarb sie 1904. Ihre Dramen und Novellen kennt heute kaum noch jemand, lediglich jene todernst gemeinten Gedichte mit einem zumeist komischen Schluß:

> Habt ihr mir es gar verleidet, Dieses kleine Leben, ach,
> Wenn mein Geist einst von euch scheidet, Sag' ich euch
> nichts Gutes nach.

Oder:

> ... Blümlein auf der Au, Blümlein wunderblau,
> Sag' was zitterst so? Stürmt es irgendwo?

Und:

> Die Poesie, die Poesie, die Poesie hat immer Recht,
> Sie ist von höherer Natur – Von übermenschlichem Geschlecht.
> Und kränkt ihr sie, und drückt ihr sie, sie schimpfet nie, sie grollet nie.
> Sie legt sich in das grüne Moos, Beklagend ihr poetisch Los!

Schließlich:

> Poesie ist Leben, Prosa ist der Tod,
> Engelein umschweben unser täglich
> Brod.

Rund 200 Gedichte hat Friederike Kempner hinterlassen, in sage und schreibe acht (!) Auflagen. Das hatte seinen guten Grund: Die Familie des Joachim Kempner, Gutspächter des Grafen Maltzahn, und der aus Polen stammenden Mutter (von der Friederike später nur als der »verewigten Frau Rittergutsbesitzer« sprach), sah sich plötzlich, vor allem auch als jüdische Familie, wegen den in Komik ausartenden lyrischen Ergüssen der Friederike, dem schadenfrohen Gelächter der Zeitgenossen ausgesetzt. Deshalb tat man das einzig Mögliche: Kaufte alle erreichbaren Auflagen auf! Doch anstatt daß es um diese jüdische Nachtigall still geworden wäre (was beabsichtigt war), erreichte deren Werk immer mehr Auflagen!

Für die Nachkommen war der Ruf der Kempner nicht immer eine Empfehlung. Aus diesem Grunde nannte sich ihr Neffe nicht Alfred Kempner, sondern Kerr. Unter diesem Namen wurde er zu einem der großen deutschen Theaterkritiker. Als sein erklärter Gegner Bert Brecht eines Tages behauptete, »daß seine (Kerrs) freiwillige Pseudokomik nur das Erbteil der echten unfreiwilligen Komik seiner Tante sei«, antwortete Kerr im »Berliner Tageblatt«:

> »Nächtlich über dem Gebeinfeld hört
> man manchmal I-a schrein: Wenn
> dem Esel sonst nichts einfällt, fällt ihm
> meine Tante ein.«

Das ungewöhnliche Leben dieser Frau beleuchtet aber auch jene Zeit des Umbruchs, wo die Juden in Deutschland sich endlich mit ihrem geistigen Potential gleichberech-

Das Rathaus in Breslau (1905)

tigt einbringen konnten und geachtet waren – wie das auch in Schlesien der Fall war.

Sie sagte von sich: »Ja, ich bin die Puppen-Kruse. Aber ich habe nichts erfunden und habe auch keine Werkstätte gegründet. Ich habe ganz bestimmt nicht gearbeitet, um Geld zu verdienen, sondern es ist alles ganz einfach gewesen und hat mich keine sonderliche Anstrengung gekostet.« Auch eine Philosophin wollte sie nicht sein, vielleicht aber eine lebendige Idealistin. 1883 in Schlesiens Hauptstadt Breslau geboren, wartete auch auf sie ein ungewöhnlicher Lebensweg, an dessen Ende sie von vielen Kindern (und Eltern) in aller Herren Länder als »Mutter der Käthe-Kruse-Puppen« geliebt wurde.

Das kleine Mädchen aus Breslau hatte ganz andere Pläne. Wollte Schauspielerin werden. Nach der Schulentlassung ging sie ins Stadttheater zu Herrn Direktor Löwe und bat ihn, vorsprechen zu dürfen, etwas aus dem »Tasso«, die Eleonore. Die Probe fiel gut aus. Löwe riet ihr von der langwierigen Ausbildung an der Theaterschule ab und schickte sie zu dem Charakterschauspieler Otto Gerlach vom Breslauer Stadttheater. Obwohl die zur Bühne strebende Käthe in Gerlachs Wohnung gegen einen unaufhörlich plappernden Papagei namens Otto ansprechen mußte und der manchmal anwesende strenge Kritiker Sittenfeld anfänglich zweifelnd über das Vorgetragene urteilte, war die junge Schauspielerin bereits 1901 im Berliner Lessingtheater zu bewundern. Trotz ihrer Jugend hatte sie, außer in Berlin, auch Theatererfolge in Moskau und Warschau. Nachdem sie dem Bildhauer Max Kruse in einem ersten Gespräch versichert hatte, nie zu heiraten, verliebte sie sich mit 18 Jahren in ihn und heiratete doch.

Auslöser dafür, daß aus der Schauspielerin eine berühmte Puppenmutter wurde, war ihr erstes Kind, das »Mimerle«, und dessen Wunsch nach einer schönen Puppe. Der kunstsinnige Vater fand alle angebotenen Puppen scheußlich. Er ermunterte seine junge Frau dazu, selbst welche zu machen – auch, weil eine bessere Gelegenheit, sich künstlerisch zu entwickeln, so schnell nicht wieder gegeben sei.

Käthe Kruse ging also ans Werk. Als 1910 in Berlin eine Ausstellung stattfand »Spielzeug aus eigener Hand«, zeigte sie dort das, was sie sich unter einer Puppe vorstellte, wenn ein Kind diese lieben sollte. Sie selbst war am meisten überrascht über die Resonanz. Begeistert schrieb die Presse: »Vor dieser Puppe stehen Künstler und Laien bewundernd!« Die Leute rannten ihr vor Begeisterung das Haus ein, der Erfolg überrollte sie regelrecht.

Da traf im Herbst 1911 ein Telegramm aus Amerika bei ihr ein: Man bestellte zum schnellsten Termin 150 Käthe-Kruse-Puppen. Zur Freude kam der Schreck, wie eine Mutter von vier kleinen Kindern ohne Erfahrung und Hilfskräfte es schaffen sollte, 150 handgearbeitete Puppen herzustellen. – Wie Käthe Kruse dieses und anderes unmögliche Erscheinende doch bewerkstelligte, ist in ihrer biographischen Niederschrift nachzulesen …

Das Breslauer Kind von einst war gesegnet mit einer Gabe, die bei den Schlesierinnen oft anzutreffen ist und treffend mit den Worten bezeichnet wird: »Die macht aus Nichts Rosinen!« Womit nichts anderes gesagt wird, als daß es sich hier um die Meisterschaft im Improvisieren handelt, dazu Gottvertrauen (daß es gelingt), Mutterwitz und Tatkraft, blühende Phantasie und Kreativität bis hin zum Künstlerischen. Diese Talente sind vielleicht eine Folge des Umstandes, daß dieses Schlesien ein Durchgangsland war, daß sich dort die verschiedensten Menschen niederließen, mit ihrem Können und ihren Begabungen, und daß aus ihnen allen der Neustamm der Schlesier wuchs.

Das Land war immer auch eine Drehscheibe für Kunst und Kultur, und Detlev von Liliencrons Ausspruch, Schlesien sei das »Land der 666 Dichter« hatte durchaus eine gewisse Berechtigung. Der Dichter Hermann Stehr, 1864 in Habelschwerdt geboren und 1940 in Oberschreiberhau verstorben (wo sich eine Schar berühmter Dichter und bildender Künstler zusammengefunden hatte), charakterisierte den schlesischen Menschenschlag sinngemäß so:

»Das Schalkhaft-Spöttische, die heitere Gelenkigkeit der Bewohner, die sich merkwürdigerweise mit einem nie besiegbaren Verstocktsein vereinigt, ist ein Hinweis auf die fränkische Art – wäre da nicht zu allem Überfluß das die Menschen selbst überraschende Losfahren! Tiefer in den Bergen sitzen wohl die Nachkommen der Thüringer, versonnen, leichtsinnig, träumerisch. Sie lachen wie durch einen Schleier und befruchten und verwirren ihren Verstand durch ein Gemüt, das unergründlich und phantastisch zugleich ist. Einschläge der zugewanderten Böhmischen Brüder in der Lausitz verdunkeln etwas die liederfröhliche Klarheit des thüringischen Grundwesens, doch damit ist die Vielfältigkeit des schlesischen Wesens noch nicht erschöpft. Wie viele polnische Teiche stehen ratlos und voll banger Dumpfheit darin; von wie manchem wendischen Schatten wird es beunruhigt. Das Seltsamste aber ist, daß in jedes schlesischen Einzelmenschen Eigenart sich alle diese Stämme durcheinanderzutummeln scheinen ...

Der Schlesier legt sich schlafen wie ein Vlame, springt wie ein draufgängerischer Franke in den Tag, arbeitet wie ein Pole und verliert sich, von einem sentimentalen Böhmen oder Wenden an der Linken, von einem verträumten Thüringer an der Rechten geführt, durch den Abend in die Nacht. Der Charakter der Schlesier ist wie eine Volksversammlung, die erregt debattiert, aber keine Resolution faßt. Der schlesische Mensch gleicht einer Brücke zu einem Wesen, nach dem er sich sehnt, auf das er unausgesetzt zustrebt – wie das schlesische Land im europäischen Raum die Brücke vom Süden zum Norden, vom Osten zum Westen darstellt. Dieser Wesensbau des Einzelnen bestimmt zugleich die Eigenart des ganzen Stammes.«

Diese gescheite Charakterisierung trifft auch für unsere Galerie berühmter schlesischer Frauen zu – die unbedingt noch einer Ergänzung bedarf. Gemeint ist die heilige Hedwig (1174–1243), die als blutjunges Mädchen aus dem Hause Andechs-Meran dem schlesischen Herzog Heinrich I. anverheiratet wurde. Trotz ihrer Jugend gelang es ihr, als Frau, als fromme Landesmutter und später als Witwe Zei-

Das Siegel der hl. Hedwig

chen zu setzen, die bis in die Gegenwart wirken. Hierzu zählten Kloster- und Spitalgründungen – wie jene des Klosters Trebnitz, das nach dem Tode ihres Gatten ihr Aufenthaltsort wurde. Sie hat ihn um fünf Jahre überlebt und wurde in der Klosterkirche begraben.

Schon damals war die Verehrung für sie groß. 1267 wurde sie heiliggesprochen. 1353 brachte eine lateinische Handschrift, der Schlackenwerther Hedwigs-Codex, Einzelheiten aus ihrem Leben. Bildlich dargestellt in 61 farbigen Zeichnungen. Bücher über sie reihen sich Titel an Titel. Und dies bis in unsere Zeit, wo sich 1993 ihr Todestag zum 750. Male jährte und eine gemeinsame deutsch-polnische Sonderbriefmarke herauskam.

Mit ihrem Mann setzte sie die unter dessen Vater Boleslaus des Langen begonnene Kolonisierung des Landes fort. Man holte deutsche Bauern, die sich aufs Roden der undurchdringlichen Wälder verstanden, auf das Anlegen von Dörfern und Städten – die überwiegend Magdeburger Recht erhielten. Den Bauern folgten Handwerker ...

Diese planmäßige Ansiedlung deutscher Kolonisten, die von Lokatoren, also Werbern, ins Land geholt wurden, diente dem Zweck, das beinah völlig von Wäldern umschlossene Land gemäß westlichen Vorbildern aus seinem tiefen geschichtlichen Schlaf zu holen. Sehr treffend charakterisiert Cosmos Flam diese Aufbruchzeit: »Ein Land entsteigt der Dämmerung«, heißt sein Buch. Nach dem Wegzug des wandalischen Stammes der Silinger im Zuge der Völkerwanderung im frühen 5.Jh. n. Chr. war das Land in den folgenden Jahrhunderten nur spärlich besiedelt – von Slawen, die von Südosten her die Flüsse heraufkamen und sich sicher auch mit zurückgebliebenen Silingern vermischten. Die Menschen vor der Jahrtausendwende waren keine Ackerbauern, sondern Fischer und Jäger. Als Jäger und Wächter zugleich wurden sie auch von ihren Fürsten an den wenigen Durchlässen des ansonsten undurchdringlichen Grenzwaldes nach Böhmen hin angesiedelt. Ihre Abgaben entrichteten sie mit wertvollen Tierfellen – so von Zobel, Luchs und Marder. Die hinzukommenden deutschen Siedler hingegen lieferten ihren Zins (vor allem an die Klöster) u. a. in Form von wildem Honig.

Cosmos Flam hat sehr anschaulich das Zusammentreffen der dort lebenden Menschen und der Neuangekommenen geschildert – mit dem alten, seherisch begabten Fischer Tuscha und seinem Sohn Luschan, der mit seinem Ochsenkarren den Weg freimachen soll für den Freirichter von Wolffenberg, Ambrosius Scholtz. Luschan aber weigert sich, und als der Freirichter die Peitsche hebt, steigt der Luschan ab, ergreift die Peitsche und wirft sie lachend ins Gebüsch.

Ambrosius Scholtz hat dann später der Familie des Fischers Tuscha so manches nachgesehen …

Hier wird beschrieben, was die Geschichte über die unter Boleslaus des Langen begonne deutsche Besiedlung aussagt: daß sie friedlich und ohne Blutvergießen stattfand! Boleslaus der Lange war es auch, der um 1163 die ersten deutschen Ritter und wenige Jahre später Zisterziensermönche aus dem Kloster Pforta an der Saale ins Land holte, um die Kolonisation voranzutreiben. Handelte es sich doch um einen erprobten Kolonisationsorden, auf den auch das erste schlesische Kloster Leubus zurückgeht. Boleslaus, wegen Erbstreitigkeiten mit seinen beiden Brüdern in Mitteldeutschland im Exil gewesen, brachte von dort Ideen und Menschen für sein Kolonisationswerk mit. Die mit ihm und später ins Land gekommenen Deutschen standen unter seinem landesherrlichen Schutz und sollten »auf alle Zeit von allem polnischen Recht ausnahmslos frei sein.«

Eine Generation später betrat Hedwig von Andechs-Meran die schlesische Bühne. Im Alter von 18 Jahren hatte sie bereits drei Töchtern und zwei Söhnen das Leben geschenkt. 1228 kam ihr Gatte nach Verrat und Mordanschlag in die Gefangenschaft Conrads von Masowien. Hedwig aber war

Die Mongolen vor Liegnitz

als Landesmutter von Schlesien inzwischen zu solch einer Persönlichkeit gereift, daß es ihr gelang, ihn wieder freizubekommen. 1238 trat der älteste Sohn, Heinrich II., an des Vaters Stelle.

1241 fielen die Horden des Dschingis Khan in Schlesien ein. Auf der Wahlstatt bei Liegnitz tobte eine erbitterte Schlacht. Der junge Herzog fiel ...

In dem der Klosterkirche zu Wahlstatt angeschlossenen Museum wird an dieses historische Ereignis erinnert. Es ist einer jener Orte Schlesien, die eine Begegnung mit der hl. Hedwig ermöglichen.

»WIR WERDEN IMMER VOR UNSEREM RATHAUS STEHEN ...«

– treffender als mit den Worten des 1909 in Breslau geborenen Schriftstellers Wolfgang von Eichborn kann die Empfindung nicht ausgedrückt werden, die sich der fern ihrer Heimatstadt befindenden Breslauer bemächtigt, wenn sie an diese Stadt denken.

Dieses einmalig gestaltete gotische Rathaus, errichtet zwischen 1450 und 1471, steht symbolisch für die ganze Stadt: Für die Universität mit ihrer berühmten Aula »Leopoldina« ebenso wie für die prächtigen Häuser am Ring auf der Goldenen-Becher-Seite (der Naschmarkt-Seite) oder der Sieben-Kurfürsten-Seite. Aber auch für verwinkelte Gassen wie an der Weißgerber-Ohle in der Altstadt, wo ein Weberdorf in der Gegend der Goldenen-Rade-Gasse gewesen sein soll, eine Walengasse, die vielleicht auf Anton Wale hinweist – Verfasser jener Schriften über Gold- und Silberfundplätze im Riesengebirge.

Hingegen erlangte die Weißgerber-Ohle durch Gustav Freytags Roman »Soll und Haben« literarische Bedeutung. Viele Gassen und Straßen tragen Namen der Handwerkerzünfte und weisen schon dadurch darauf hin, welche Bevölkerungsschichten sich im späteren Breslau niedergelassen haben – angezogen von günstigen Handelsbedingungen und -wegen.

Als Handelspunkt hatte Breslau schon in der Frühzeit große Bedeutung. Überquerte doch dort eine der bekannten Bernsteinstraßen, von der ostpreußischen Küste kommend, die Oder und folgte deren Lauf durch die Mährische Pforte, um von dort die Adria zu erreichen. Zwischen Breslau und Liegnitz wurde (beim Bau der Autobahn vor einem halben Jahrhundert) ein riesiges Lager von 36 Zentnern Rohbernstein entdeckt, das auf diese frühe Handelsstraße hinweist. Bis zum 9. Jh. gehörte dieses ganze Land zum Großmährischen Reich und nach dessen Niedergang ab dem 10. Jh. zu Böhmen. Aus dieser Zeit stammt der Name der Stadt, benannt nach dem Böhmenherzog Vratislav I., der 921 starb: Wratislawia = Breslau = Wrocław.

Bevor sich jedoch an dieser Stelle eine bedeutende Stadt entwickeln konnte, war der Oderstrom eine Art von Steppenfluß, der sich – je nach Wassermenge – in unzähligen Wasserläufen ins ebene Umland ergoß (als Urstromtal dem Norddeutschen Tiefland zugehörig). Inmitten der Wasserläufe liegen kleine und große Inseln, deren berühmteste in Breslau die mitten in der Stadt liegende nachmalige Dominsel ist, auf der sich die Bauten des Domes und der Kreuzkirche befinden. Der nach Westen gelagerte Teil der Dominsel war herzöglicher Bereich mit einer Burganlage (10.–12. Jh.), deren Kern bei St. Martin lag und bis zum heutigen Dom gereicht haben soll. Wälle, Palisaden und die natürliche Abgrenzung der Insel durch den Fluß boten ideale Verteidigungsmöglichkeiten. Diese Oderinsel war übrigens um die Jahrtausendwende sehr dicht besiedelt, die Einwohnerzahl wird auf 1000 geschätzt.

Auf alle Fälle machten die günstigen Oderübergänge diesen Ort zu einer der wichtigsten Stationen auf dem Wege von West- nach Osteuropa.

Breslau war seit dem Mittelalter eine Stadt des Geistes, der Kunst und der Wissenschaften; vor allem Bischofsresidenz mit großen Machtansprüchen. Diesem Spannungsbogen zwischen Herzog- und Bistum sind auch die meisten der hinterlassenen großartigen Baudenkmäler zu verdanken.

Als ein beeindruckendes neuzeitliches Monument gilt die Jahrhunderthalle im Scheitninger Park, die sogar die Zerstörungen des letzten Krieges und die Festungszeit 1945 überstanden hat. Konstrukteur Max Berg hatte es gewagt, diesen Kuppelbau - 42 m Höhe und 65 m Spannweite - aus Eisenbeton zu erbauen, was 1913 einmalig war und eine großartige Pionierleistung darstellte.

Auch gehört die Orgel in die Reihe der Superlative, denn sie ist mit ihren 15 000 Pfeifen die größte Europas. Zu ihrer Einweihung schuf Max Reger eigens eine Komposition (sein Opus 127). Bis 1945 blieb die Orgel unversehrt, dann wurde sie zerlegt und in den Dom gebracht. Daß damit

Die Heilig Kreuz Kirche in Breslau wurde 1288 von Herzog Heinrich IV. von Schlesien gestiftet.

der charakteristische Klang verlorenging und auch ein zusammengehörendes Baudenkmal, bedarf keiner Erwähnung.

Anlaß zum Bau der Jahrhunderthalle war die 100. Wiederkehr der Befreiungskriege gewesen. Mit den riesigen Ausstellungshallen verwies sie jedoch auch auf die großen alten Handelstraditionen der Stadt.

Als 1740 die Preußen vor Breslau standen, konnte die Stadt Neutralität bewahren, aber schon ein Jahr darauf wurde sie dann doch von ihnen besetzt. Das hieß für die Einwohner zum ersten Mal nach 500 Jahren wieder ein feindliches Heer in ihren Mauern zu haben. Doch schon am 7. November 1741 huldigten die schlesischen Stände König Friedrich dem Großen im Rathaus. Es folgten die Ablösung der alten Beamten und, durch die Umstellungen, ein Niedergang des Handels. Da die neu etablierte Messe jedoch nicht gegen jene von Leipzig ankam, blieb für Breslau nur noch der Osthandel bis Krakau und Galizien.

Hundert Jahre später brachte Hoffmann von Fallersleben »Für Liebhaber der deutschen Sprache« ein »Breslauer Namenbüchlein« heraus, in dem die Einwohnernamen der Haupt- und Residenz-Stadt nach Stand und Würden etc. aufgeführt sind. Da finden sich geographische Ableitungen wie Birkenfeld, Hanau, Herford, Oppenheim, Schwerin und Straßburg, Worms und Wittenberg, Breslauer, Brieger, Landshuter, Hirschberger, Raudner und Wohlauer. Von »Hantierungen«, wie es Hoffmann von Fallersleben nennt, abgeleitet sind: Ackermann, Bäcker-Becker, Bergmann, Binder, Böttcher, Weinbrenner und Büttner, Drechsler, Färber, Förster, Fuhrmann, Kannengießer, Kaufmann, Kesselbauer, Knöpfler, Kretschmer, Küchler, Kürschner, Mälzer und Mahler, Windmüller, Schirmmacher, Goldschmidt, Brettschneider, Schwertner, Splitgerber, Wagner, Weber, Winzer, Zeidler, Zimmermann und Zwirner – um nur einige herauszugreifen, von denen angenommen werden kann, daß sie sich als Handwerker oder Kaufleute vor Jahrhunderten in Breslau niedergelassen haben.

In seiner Eigenschaft als Literatur- und Sprachforscher kam Hoffmann von Fallersleben auch nach Schlesien, wo er mit 32 Jahren schon zum Außerordentli-

Andreas Gryphius aus Glogau, einer der großen schlesischen Barockdichter

chen Professor für deutsche Sprache und Literatur ernannt wurde. Nach Erscheinen seiner »Unpolitischen Lieder« (1840/41) ist er diese Professur wieder los, erhält weder Gehalt noch Pension. Begründung: »Verspottung des preußischen Staates«. Im gleichen Jahr kommen seine Sammlung von schlesischen Volksliedern, desgleichen ein schlesisches Wörterbuch heraus. Somit gehörte seine Breslauer Zeit zu einer seiner fruchtbarsten Schaffensperioden. Von seinen insgesamt 170 Veröffentlichungen sind immerhin 60 dort entstanden. Seine schlesischen Sprachforschungen berücksichtigen vor allem jenen Raum, in dem das »Neiderländisch« als Mundart gesprochen wurde – mitgebracht von flämischen Tuchmachern und Bauern, sowie von Siedlern niederdeutscher Herkunft.

Ein Vertreter dieser niederschlesischen Mundartlandschaft ist der berühmte

Sohn von Glogau, Andreas Gryphius, der eigentlich Andreas Greif hieß, 1616 geboren wurde und 1664 verstarb. Als Dichter schildert er in seinen Sonetten die Not und die schrecklichen Zustände des 30jährigen Krieges. Seine Tragödien wie »Katharina von Georgien« oder »Leo Armenius« lassen eine Beschäftigung des Dichters mit Seneca vermuten. Doch hat er sich auch als Verfasser von Lustspielen hervorgetan. »Horribilicribrifax« und »Herr Peter Squentz« dürfen als diesbezügliche Meisterwerke gelten.

Mit seinem Lustspiel von der »Geliebten Durnruse«, abgefaßt in niederländischem Schlesisch, gilt er als Begründer der schlesischen Mundartdichtung.

Gryphius gehört in die Reihe der schlesischen Barockdichter, die weit über die Grenzen des Landes hinaus wirkten – wie Angelus Silesius, Jakob Böhme, Quirinius Kuhlmann, Martin Opitz von Boberfeld oder Daniel Caspar von Lohenstein, Georg Werner, Knorr von Rosenroth und Czepko von Reigersfeld.

FRIEDENS-, GNADEN- UND ANDERE KIRCHEN

Dem Dreißigjährigen Krieg waren die Reformation und die Gegenreformation in Niederschlesien vorausgegangen – was zur Vorgeschichte der genannten protestantischen Kirchentypen gehört. Von ihnen, die einmalig in Europa sind, soll hier die Rede sein.

Nachdem schon kurz nach der Reformation fast ganz Schlesien evangelisch geworden war, setzte um 1600 die Gegenreformation mit ihren schlimmen Drangsalierungen der Andersgläubigen ein. Dies galt vorrangig für die Fürstentümer Schweidnitz, Jauer und Glogau. Dort hatten die Habsburger das Sagen – auch und besonders, wenn es um Religion ging. In diesen Fürstentümern begann die Gegenreformation bereits vor 1600, wobei sich die Lichtensteiner Dragoner als besonders blutrünstig und mordlüstern hervortaten, um aus den evangelischen Schlesiern wieder katholische zu machen. Hinzu kamen schon ab 1590 die remissionierten Jesuiten, denen nachgesagt wurde, notfalls auch das

Schwert zu Hilfe zu nehmen. Unter ihnen hatte vor allem das angrenzende Oberschlesien zu leiden, das bereits 1620 wieder gänzlich katholisch war. Damals gab es ein oft gebrauchtes (gefährliches!) Sprichwort: »Kumm' ock har, ich war' dich schun katholisch macha!« (»Komm' nur her, ich werde dich schon katholisch machen!«).

Endlich war der Dreißigjährige Krieg zu Ende, die Menschen atmeten auf. 1648, beim Friedensschluß in Münster, war den Evangelischen in Schlesien freie Glaubensausübung zugesichert worden, was jedoch in der Praxis dann keineswegs so aussah. Da kam den Protestanten Hilfe von einer Seite, mit der sie gar nicht gerechnet hatten, nämlich durch den jungen König Karl XII. von Schweden (1697–1718), der an die Versprechungen des Kaisers in Wien appellierte, die Not der Evangelischen abzuwenden. Der Schwede konnte diese nicht übersehen, als er durch Schlesien zog, um König Friedrich August den Starken in Sachsen aufzusuchen. Kaiser Joseph

Die Gnadenkirche in Freystadt (F. B. Werner)

konnte ihm den Durchzug nicht verwehren, weil er seine ganze Heeresmacht im spanischen Erbfolgekrieg eingesetzt hatte. Im Herbst 1706 erzwang Karl XII. in der Altranstätter Konvention den Bau von sechs Gnadenkirchen in Militsch, Freystadt, Sagan, Hirschberg, Landeshut und Teschen. Die drei Friedenskirchen, die den schlesischen Herzogtümern Schweidnitz, Jauer und Glogau zu bauen erlaubt worden waren, hatten nämlich für die Gläubigen nicht ausgereicht. Von diesen dreien stehen noch die von Jauer und Schweidnitz. Derzeit werden sie wieder restauriert. Denn sie sind einmalige europäische Kulturdenkmäler!

Die Grundsteinlegung der Friedenskirche in Jauer war am 24. April 1654, über ein Jahr später war der Bau vollendet: Am vierten Advent des Jahres wurde er eingeweiht. Auflage war, daß er nur in Fachwerkbauweise mit der Verwendung von viel Holz erstellt werden durfte und ohne Turm. Die Kirche wurde nach dem Entwurf des Ingenieur-Offiziers von Saebisch aus Breslau und des Zimmermeisters Andreas Gamper aus Jauer errichtet. Im Inne-

ren laufen drei Emporen ringsum, etwa 5000 Gläubige fanden darin Platz. Viele Wappen sind zu entdecken; so die der Familien von Nimptsch, von Kottwitz, von Meermeth, von Tschirnhaus, von Reibnitz, von Schweinichen, von Gersdorf, von Promnitz, von Seydlitz, von Nostiz, von Spiller, von Seherr, von Pogrell und von Zedlitz – um nur einige zu nennen.

Die Friedenskirche von Jauer heißt »Zum heiligen Geist«, jene in Schweidnitz »Zur Dreifaltigkeit«. Sie ist, ebenfalls in Holz- und Lehmbauweise, nach den Plänen des Festungsbaumeisters Saebisch 1657/58 entstanden. Auf gleichfalls übereinandergelegenen Emporen fanden 7500 Besucher Platz. Sie ist – völlig unprotestantisch – mit überschwellender barocker Pracht ausgestattet (was im übrigen auch für die Gnadenkirche in Hirschberg gilt). Wer die Kirche heute besucht, wird neben verschiedenen fürstlichen Wappen die kostbare Hochbergloge entdecken. Diesen Ehrenplatz bekam die Familie des Grafen Hochberg deshalb, weil mit ihrer Hilfe dieser große Fachwerkbau erst möglich wurde: Die gräfliche Familie ließ etwa zwei Drittel ihres gesamten Waldbestandes abholzen und schenkte die benötigten 3000 Eichenstämme der Kirchgemeinde. Mit Schnitzereien, Malereien und Intarsienarbeiten sowie einer kunstvollen Kassettendecke entstand hier aus der Not ein bauliches Kunstwerk, das – mit Ausnahme der Friedenskirche in Jauer – seinesgleichen sucht.

Da die Gläubigen nicht selten über 100 Kilometer und mehr zu Fuß zum Gottesdienst in Schweidnitz zurücklegen mußten, konnten die Kinder erst nach dem dritten Lebensjahr getauft werden. Aus Jauer wird berichtet, daß die Glocken der Friedenskirche schon am Sonnabendnachmittag um 14.00 Uhr zu läuten begannen und sich dann bereits die ersten Kirchgänger aus der weiteren Umgebung auf den Weg machten, um den sonntäglichen Gottesdienst zu erreichen.

Hier schafften die sechs schlesischen Gnadenkirchen endlich Abhilfe. Aber auch sie waren nur möglich unter großen materiellen Opfern der evangelischen Bürgerschaft der jeweiligen Städte. Kaiser Joseph in Wien ließ sich wahrlich seine »Gnade« gut bezahlen! Aber auch der Schwedenkönig brauchte Geld, und so gaben die schlesischen Protestanten für den Bau ihrer Kirchen alles her, was sie hatten.

Die Unterdrückungen indes nahmen trotzdem kein Ende. Erst um 1740 unter Friedrich dem Großen konnten die evangelischen Schlesier aufatmen: Jedes Dorf bekam wieder seine Kirche. Entweder die alte wieder zurück, oder es wurde eine jener Bethauskirchen gebaut, die in vielen niederschlesischen Ortschaften anzutreffen sind. Auch sie präsentieren sich auch heute noch in Fachwerkbauweise und sehen oft einer großen Scheune ähnlicher als einer Kirche, da der Turm nicht selten neben dem Schiff steht. Doch haben diese einfachen Bethäuser, die man sehr oft im Vorgebirgsland des Iser- und Riesengebirges antrifft, durchaus ihren Zweck erfüllt.

Wenn auch in Niederschlesien der protestantische Glaube überwiegt (was die Beliebtheit Friedrichs des Großen erklärt), haben die Katholiken keineswegs irgendwelche Benachteiligungen gehabt. Im Gegenteil: Es gab den Begriff der »schlesischen Toleranz« innerhalb des Kirchenlebens, und es war selbstverständlich, daß die Weihnachtskrippen aus den Häusern der katholischen Familien in gleicher Weise auch in evangelischen ihren Platz hatten. In Schlesien war eben manches anders ...

Nach dem Verlust der Heimat fanden sich selbst in Notunterkünften Weihnachtskrippen bei Familien aller Konfessionen, spendeten durch die Darstellung des Heilsgeschehens Trost und Kraft.

Einst gab es in den Gebirgen Weber-, Korbmacher- und besondere Glasmacherkrippen. Die ersten Krippen sollen von Prager Jesuiten geschaffen worden sein (1562). Von dort drangen sie über den mährisch-böhmischen Raum nach Schlesien ein und wurden hier heimisch.

In den Dörfern des Bober-Katzbach-Gebirges gehörten »Quempassingen« und Weihnachtszepter, die von Ort zu Ort verschieden hoch sein konnten, zur Christnacht. Das Probsthainer Weihnachtszepter war 2.50 Meter hoch, jenes des Städtchens Lähn nur 1.75 Meter, und Jannowitz mit 80 Zentimetern hatte das kleinste. Bauen und Schmücken der Weihnachtszepter war Familientradition; meist gab der Großvater die Fertigkeit des Schnitzens an die Enkel weiter.

In einem Fußkreuz steckte ein starker Holzstab, daran waren über sieben und mehr Etagen Holzkreuze und Holzreifen angebracht, die 32 Blechtüllen für Kerzen zu halten hatten. Dazu Ketten aus Goldpapierringen und Perlen, Buchsbaumbüscheln oder Tannengrün sowie Rosen aus Seidenpapier. Auf der obersten Scheibe war Christi Geburt dargestellt – mit der Heiligen Familie, Stall, Hirten und Tieren. Nicht selten entdeckte man darunter ein schlesisches Jerusalem mit Palmen und auch Kamelen. Die Verwandtschaft mit den sächsisch-lausitzischen Weihnachtspyramiden ist unübersehbar, zumal das Schlesische mit dem Lausitzischen (und umgekehrt) immer tief verbunden war.

Gern erinnere ich mich der Christabende von Probsthain: Da erstrahlte beim Vespergottesdienst um 17.00 Uhr die alte Zufluchtskirche im Lichterglanz von 1000 Kerzen! Eine Stunde vorher bereits

Halb Pyramide, halb Weihnachtsbaum, halb Krippe ...

hatte das Zepterläuten die Schulkinder mit ihren meist ererbten Lichtzeptern in die Kirche gerufen. Auf der obersten Empore waren rundherum handgeschmiedete Leuchterhalter angebracht, in denen nun all die leuchtenden Zepter steckten. Manche waren, ihrer Größe wegen, auseinandergenommen und erst auf der Empore wieder zusammengesetzt worden. Der Christgottesdienst begann mit dem altüberlieferten »Quempassingen« (»Quem pastores laudavere«) auf lateinisch, ein Brauch, der bereits 1594 von den Wittenbergern im Fürstentum Brieg eingeführt und an Schulen und Kirchen vorgeschrieben war.

An anderen Orten in Schlesien bastelten Kinder und junge Leute aus Nußschalen kleine Krippen oder Apfelpyramiden (auch Putzapfel genannt) mit Tannengrün und rotem Licht.

Die Hausfrau auf dem Lande sorgte dafür, daß am Heiligen Abend »neunerlei Gegräupe« auf den Tisch kam – wie Hirse, Roggen, Lein, Gerste, Weizen, Hafer, Dinkel und Mohn (als Symbol für ein fruchtbares neues Jahr). Denn dafür waren früher die Menschen noch aus tiefstem Herzen dankbar. Ohne Mohnkuchen oder »Mohnklößel« kann sich ein Schlesier auch heute kaum ein Weihnachtsfest vorstellen, und auch der große Weihnachtsstriezel mit seinen überlieferten Zutaten ist ein ganz enger Verwandter des delikaten Dresdner Weihnachtsstollens, dessen neuartige Kopien wenig mit dem Original zu tun haben. Der schlesische Weihnachtsstriezel ist aus der alten Flechtsemmel, einer Art Butterzopf, entstanden und sollte das »eingebundene Jesulein« darstellen. Man schenkte ihn sich gegenseitig – wie das Nußkripplein oder den Putzapfel. Dabei wurden folgende Worte gesprochen: »Ich wünsche Dir glückliche und gesunde Feiertage und den neugeborenen Heiland jederzeit zum Trost.«

VOM »HERRGOTTSLÄNDCHEN« INS RIESENGEBIRGE

Das Glatzer Land wird gern »Herrgottsländchen« genannt; es konnte sich trotz der drei Schlesischen Kriege seine österreichische Ausstrahlung in vielerlei Hinsicht erhalten. Dortzulande hielt sich bis zuletzt, was im übrigen Schlesien nur noch selten zu finden war, eine liebenswerte Mischung von Frömmigkeit und Heiterkeit. Davon zeugen noch heute jene kleinen Häuser in den Gebirgen, die sich Böhmen zuneigen. Statt in Brauntönen sind diese Behausungen blaugrau oder grün gestrichen – mit weißen Holzleisten über den Zwischenräumen. Im Winter wurden ringsum die Doppelfenster vorgehakt, und dazwischen – auf grünen Moospolstern, die auch die feinste Zugluft fernhielten – blühten die buntesten Papierrosen.

Und der böhmische Heilige, der Nepomuk, der begegnet einem allenthalben. Sogar auf der trutzigen Festung der Stadt Glatz, dort wurde vor 250 Jahren eine Statue des Landesheiligen von der anderen Seite der Grenze aufgestellt – der steht noch heute, bewacht alles, was ihm anvertraut ist.

Um diese Festung haben Österreicher und Preußen bekanntlich verbissen gekämpft. Es gelang vor allem deshalb nicht so ohne weiteres, die Grafschafter für Preußen zu gewinnen, weil dies ausgerechnet einer der härtesten preußischen Offiziere, nämlich der Statthalter der Grafschaft und Festungskommandant Generalmajor Heinrich August Freiherr de la Motte-Fouqué (1698–1774), bewerkstelligen sollte. So blieb der Mann denn auch erfolglos. Erst viel später gelang es Friedrich dem Großen, durch

fürsorgliche wirtschaftliche Maßnahmen die Grafschafter langsam für sich einzunehmen – wozu die Förderung der Leinenherstellung am Westhang des Eulengebirges und die der Glasherstellung (wie in Bad Reinerz und in Rückers) gehörte.

Das Glatzer Land ist überaus reich an bekannten Badeorten und an ungewöhnlichen Naturschönheiten. Da wäre als erstes Bad Altheide zu nennen, 12 km von der Kreisstadt Glatz entfernt, mit kohlensäurehaltigen Quellen. Herzog Heinrich von Münsterberg schenkte 1494 die Hälfte des Dorfes den Glatzer Augustiner-Chorherren, von diesen kam das Besitztum 1597 an den Jesuitenorden, der es erweiterte und zu seiner zweiten Residenz in der Grafschaft machte.

Bad Kudowa liegt an der Westgrenze der Grafschaft, am Fuße des Heuscheuergebirges an der tschechischen Grenze. In diesem »Böhmischen Winkel« wurde schon 1580 ein heilender Sauerbrunnen entdeckt, er galt auch später als die stärkste Quelle der Grafschaft. Friedrich der Große ließ das Wasser untersuchen. Wegen seiner vorzüglichen Qualität wurde es später in Berliner Apotheken zu Trinkkuren angeboten. Im übrigen waren Wallenstein und sein Schwager die ersten Besitzer des Bades. Weil es landschaftlich so zauberhaft gelegen und mit einem herrlichen Palmengarten geschmückt war, fanden sich hier immer wieder bekannte Namen aus der Politik. So weilte Generalfeldmarschall von Moltke ab 1867 mehrmals in Bad Kudowa. Und König Friedrich Wilhelm III. war mit seiner Familie oft Gast im dortigen Pfarr-

Bad Kudowa, im »Böhmischen Winkel« gelegen, galt als erstes deutsches Herzbad.

haus, wo ihn auch Ernst Moritz Arndt und Gneisenau besuchten. Mit letzterem beriet er bei dieser Gelegenheit über die Allianz mit Österreich.

Unweit von Bad Kudowa gab es für uns jugendliche Sonntagsspaziergänger einen grauslichen Ausflugsort: den kleinen Ort Tscherbeney mit der von Pfarrer Wenzel Tomaschek 1776 erbauten Schädelkapelle. Diese ist bis obenhin gefüllt mit den Schädeln der Pestopfer und jenen der Gefallenen des Siebenjährigen Krieges.

Bad Landecks warme schwefelhaltige Quellen sollen seit etwa 1400 bekannt sein. Dort wollte kein Geringerer als der Alte Fritz seine Gicht loswerden. Darüber wiederum sind die schönsten Histörchen überliefert: Wie es sich für einen königlichen Badegast gehört, standen diesem alle Einrichtungen von der Badewanne bis zu

einem separaten Bassin, einschließlich Ankleide- und Wohnzimmer zur Verfügung. Trotzdem blieb der von seinem Leiden gebeutelte König mißtrauisch und weigerte sich standhaft, in die stinkende Schwefelbrühe zu steigen. So mußte der Kammerdiener Michaelis, der keine Gicht hatte, das Bad erst probieren … Der König aber berichtete seinem Vertrauten de Cat: »Ich schreibe Ihnen vom Wasser aus, mein Lieber, worin ich mehr lebe als auf dem Lande. Ich fange an, Fisch oder Ente zu werden, weiß jedoch selbst nicht recht, welches von beiden«.

Wer an den Glatzer Gebirgen vorbei, das Eulengebirge streifend, in Richtung Waldenburger Bergland reist, wo noch immer Steinkohle gefördert wird, stößt auf das vorgelagerte Bad Salzbrunn. Hier bewirtschaftete der Vater der Dichterbrüder Carl und Gerhart Hauptmann einen Gasthof namens »Preußische Krone«, der später zum Sanatorium wurde. Die Heilbrunnen sind seit 1704 bekannt. Unter den Kurgästen befand sich auch hin und wieder Zar Nikolaus I.

Die Brüder Hauptmann aber zogen nach Schreiberhau ins Riesengebirge, wo Gerhart Hauptmann noch vor der Jahrhundertwende sein aufsehenerregendes Drama über die schlesischen Weber und ihren Aufstand im Jahre 1844 verfaßte (der sich im nahen Peterswaldau abgespielt hatte). Sein umfangreiches, u. a. mit dem Nobelpreis für Literatur geehrtes Werk fußt immer wieder auf dem Erlebnis der schlesischen Landschaft und ihrer Menschen. Bei seinem Märchenstück »Und Pippa tanzt« denkt man an die schlesischen Glashütten und bei der »Versunkenen Glocke« nicht nur an Rautendelein, dem elbischen Wesen, sondern auch an den Nickelmann, der in der schlesischen Sage einen festen Platz hat.

Der Ruf, »Dichter des Riesengebirges« zu sein, gebührt jedoch nicht ihm, sondern seinem älteren Bruder Carl, der – im Schatten des Erfolgreicheren stehend – Prosa und Lyrik von eigentümlichem dichteri-

schen Reiz geschaffen hat – so nachfolgende Hymne:

Meine Berge leuchten wieder

Meine Berge leuchten wieder,
Menschenfern und nachtbetaut.
Atme wieder Heimatodem,
Wälder rauschen laut.

Und wie Kinder mich umringen
Meine Quellen in der Nacht.
Stehe stumm am Silberwasser,
Wo's durch dunkle Erlen lacht.

Funkeln Sterne. – Rings in Weiten
Hört man keinen Menschenlaut.
Meine Berge leuchten wieder,
Zauberstill und nachtbetaut.

Die schützende Umarmung des Riesengebirges hat übrigens – neben den beiden Hauptmanns – eine ganze Reihe anderer bekannter Literaten und Künstler gesucht (und offenbar auch gefunden). Mit Beginn der zwanziger Jahre siedelten in Schreiberhau, Bad Warmbrunn, Wolfshau und Hirschberg u. a. die Autoren Hermann Stehr und Ruth Storm sowie die Maler Werner Fechner, Fridrich Iwan, Georg Wichmann, Franz von Jackowski, H. R. Hübner (ein Meisterschüler des »Zigeuner«-Müllers), H. E. Oberländer und der aus Südtirol stammende Bildhauer Professor del Antonio, der zuletzt die Warmbrunner Holzschnitzschule leitete. Deren Treffpunkt, die Lukasmühle, gab der Künstlergemeinschaft auch den Namen …

Nach dem Krieg fanden sich etliche von ihnen im Allgäustädtchen Wangen wieder, das mit verschiedenen Museen und Archiven (Deutsches Eichendorff Museum, Gustav Freytag Archiv, Archiv für schlesische Mundart) die großen kulturellen Traditionen Schlesiens lebendig hält.

Bolzenschloß (F. G. Endler)

Grünberg

Deutsch- Polnische Grenze

Ca

Freystadt   Beuth.

Sagan

Sprotta

Neiße

Muskau

Hoyerswerda

Rothen-
burg

Penzig

Bunz

GÖRLITZ

Lauban

Löwenberg

Schönberg

Schön

CR.

Hirschberg

Agnetendorf

Schnee-
koppe

Niederschles

Guhrau

Militsch-Trachenberg

Steinau

Prausnitz

Wohlau

Gr. Wartenberg

Leubus

Trebnitz

Neumarkt

Oels

oldberg

BRESLAU

Bernstadt

Jauer

Der Zobten

Namslau

Striegau

Ohlau

Oder

Schweidnitz

Brieg

Landeshut

Strehlen

Waldenburg

Reichenbach Nimptsch

Kynsburg

Münsterberg

Neurode

Grüssau

Frankenstein

Glatzer Neiße

Glatz

Albendorf

Bad Landeck

CR

Bad Reinerz

Habelschwerdt

Maria Schnee

Toenniges

111

ORTSVERZEICHNIS

Die kursiv gesetzten Zahlen verweisen auf die Farbabbildungen.